Christa Baumann / Stephen Janetzko

Nikolaus -
Das Lieder-Spiele-Mitmach-Buch für den 6. Dezember

15 Lieder rund um den Nikolaustag, Kreatives, Ideen für die Nikolausfeier, Rezepte, Nikolauslegenden und tolle Mitmach-Aktionen

Christa Baumann / Stephen Janetzko

Copyright © 2014 Verlag Stephen Janetzko, Erlangen
www.kinderliederhits.de
Alle Lieder verlegt bei Edition SEEBÄR-Musik Stephen Janetzko, Erlangen.
Online-Shop im Internet unter **www.kinderlieder-shop.de**
Coverillustration: *© andreapetrlik - Fotolia.com* / Covergrafik & Notensatz: Stephen Janetzko
Grafische Vorbereitung und Idee: Christa Baumann und Stephen Janetzko
Innen-Illustrationen: Wolfgang Baumann
All rights reserved.

ISBN-10: 3957220726

ISBN-13: 978-3-95722-072-1

Nikolaus - Das Lieder-Spiele-Mitmach-Buch für den 6. Dezember

15 Lieder rund um den Nikolaustag,
Kreatives, Ideen für die Nikolausfeier,
Rezepte, Nikolauslegenden
und tolle Mitmach-Aktionen

Christa Baumann (Text) und Stephen Janetzko (Lieder)

Inhaltsverzeichnis

Lied: Der Nikolaus und sein Sack	Seite 1
Legenden um den Nikolaus	Seite 2
Die drei Säcke	Seite 2
Hungersnot in Myra	Seite 3
Die drei Töchter	Seite 3
Lied: Öffne doch dem Nikolaus	Seite 4
Nikolaussack nähen	Seite 5
Fühlspiel mit dem Nikolaussack	Seite 5
Nikolaus aus einer Holzleiste	Seite 6
Lied: Schaut her, ich bin der Nikolaus	Seite 7
Bedruckte Tüte	Seite 8
Lied: Ein bisschen so wie Nikolaus	Seite 10
Nikolausgeheimnisse im Kreis flüstern	Seite 11
Lied: Wenn wir heute Nüsse knacken	Seite 12
Rohe Plätzchen	Seite 13
Rohe Kokostaler	Seite 13
Rohe Schokotaler	Seite 13
Lied: Alle wollen backen	Seite 14
Butterplätzchen	Seite 15
Schokoladenplätzchen	Seite 15
Plätzchen aus Salzteig für die Puppenküche	Seite 16
Fühlspiel mit den Salzteigplätzchen	Seite 16
Versteckspiel mit Salzteigplätzchen	Seite 17
Geschmackspiel	Seite 18
Lied: Wir warten und warten	Seite 19
Duftspiel	Seite 20
Lied: Mandarinen, Mandarinen	Seite 21
Filzstiefel für den Nikolaus nähen	Seite 22
Schablone für den Nikolausstiefel	Seite 23
Lied: Heute kommt der Nikolaus	Seite 24
Nikolauskostüm im Kreis anprobieren	Seite 25
Nikolausfeiern in der Kita	Seite 25
Der Nikolaus besucht die Kinder	Seite 25
Nikolauspunsch aus rotem Tee und Orangensaft	Seite 27
Winterpunsch für Erwachsene	Seite 27
Der Nikolaus besucht Kinder und Großeltern	Seite 28
Lied: Nikolaus, Nikolaus, komm zu mir nach Haus	Seite 29
Bild weben	Seite 30
Lied: Der Advent ist da	Seite 31

Nikolauskarte spritzen	Seite 32
Lied: Lasst uns froh und munter sein	Seite 33
Weihnachtskarte mit Weihnachtsbaum	Seite 34
Lied: Wann ist es soweit?	Seite 35
Lügengeschichte	Seite 36
Lied: Wir sind Winterkinder	Seite 37
Nikolaus als Tischdekoration	Seite 38
Der Korbwächter	Seite 38
Das Feld frei halten	Seite 39
Lied: Niko-, Niko-, Nikolaus	Seite 40

Vorwort

Geht es Ihnen auch so? Sankt Martin ist doch gerade erst vorbei ... und auf einmal steht der Nikolaustag vor der Tür. Jetzt muss schnell geplant werden:
Wie bereiten wir das Thema „Nikolaus" vor? Was singen wir? Wie soll dieser Tag gestaltet werden?

Jetzt haben Sie alles schnell und kompakt zur Hand:
- 15 Lieder rund um den Nikolaustag
- Kreativideen, Geschenke und Weihnachtskarten
- Legenden
- Ideen für die Nikolausfeier
- Spiele
- Rezepte
- Experimente

Mit vielen unterschiedlichen Aktionen können Sie die Themen der Lieder aufgreifen und vertiefen.
Eine gute Ergänzung und Erweiterung zu diesem Praxisband und für den Advent mit Kindern sind separat das **Buch und die CD „Und wieder brennt die Kerze"** (siehe Anhang).

Der Nikolaustag kann also kommen!

Christa Baumann und Stephen Janetzko

Der Nikolaus und sein Sack

Text: Rolf Krenzer; Musik: Stephen Janetzko; CD "Und wieder brennt die Kerze"
© Edition SEEBÄR-Musik Stephen Janetzko, www.kinderliederhits.de

1. Im Winter, wenn es stürmt und schneit, stapfst du von Haus zu Haus und teilst dann in der Weihnachtszeit die schönsten Sachen aus.

2. Dein Sack ist groß und wiegt so viel. Was mag im Sack wohl sein? "Ja, wer es von euch wissen will, greift in den Sack hinein!" Ref.: Nikolaus, Nikolaus, Nikolaus, Nikolaus.

3. Was du in deinen Sack gepackt,
das holen wir heraus.
Und wenn wir alles ausgepackt,
gehst du zum nächsten Haus.

4. Wie kommt es: Wenn du weitergehst,
dann ist dein Sack ganz leer,
wenn du vor Nachbars Haustür stehst,
ist er schon wieder schwer!?

Refrain: Nikolaus, Nikolaus, Nikolaus, Nikolaus.

5. Bedächtig hat der alte Mann
gesagt: "Dass ihr es wisst:
Es gibt auch was, was ich nur kann,
weil's mein Geheimnis ist!"

Refrain: Nikolaus, Nikolaus, Nikolaus, Nikolaus.

Hinweis: Die 5. Strophe bitte auf die Wiederholungs-/
Schluss-Variante singen.

Legenden um den Nikolaus

Um die Person des Nikolaus ranken sich viele Legenden. Nikolaus war Bischof von Myra in der heutigen Türkei, das steht wohl fest. Vermutlich wurden die Legenden im Laufe der Zeit mit denen um einen anderen Bischof mit dem gleichem Namen vermischt. Heute erscheint der Nikolaus oft in einem roten Gewand mit weißem Bart und Zipfelmütze. Er ist auf vielen Weihnachtsmärkten anzutreffen, sein Bild findet sich in Zeitschriften und Werbeprospekten.
Bei anderen Gelegenheiten kommt er als Bischof mit Mitra und Bischofsstab, in manchen Gegenden begleitet ihn der Knecht Ruprecht.

Die drei Säcke

Ein Mann lebte in Armut mit seinen Kindern, die Frau war schon gestorben. Weil er aber krank war und nicht arbeiten konnte, hungerten die Kinder und hatten auch keine Kleider.
Eines Morgens stand ein Sack vor der Tür. Darin fanden der Mann und die Kinder Brot und Mehl.
Am nächsten Tag fanden sie wieder einen Sack, darin entdeckten sie Kleider.
Am dritten Morgen stand wieder ein Sack vor der Tür. Darin fanden sie Schuhe. Und als sie diese anziehen wollten, steckte in jedem Schuh ein Spielzeug. Es war das erste Spielzeug, das die Kinder je bekommen hatten.
Aus diesem Grund stellen die Kinder ihre blank geputzten Schuhe oder Stiefel auch heute noch am Abend vor dem Nikolaustag vor die Tür.
Der Nikolaus legt deshalb gern Äpfel, Mandarinen, Nüsse und kleine Spielzeuge in die Schuhe der Kinder.

Hungersnot in Myra

In der Stadt Myra, in der Bischof Nikolaus lebte, herrschte eine große Hungersnot. Das ganze Jahr über hatte es geregnet. Darum hatte das Getreide nicht wachsen können. Als Schiffe mit Getreide in den Hafen einliefen, glaubten die Menschen, sie seien gerettet. Aber die Matrosen getrauten es sich nicht, das Getreide zu verkaufen. Sie fürchteten sich vor dem Eigentümer. Sie waren sicher, dass er sie bestrafen würde, wenn etwas von der Ladung fehlte.
Bischof Nikolaus ging zu den Matrosen. Er versicherte ihnen, dass sie den Leuten unbesorgt etwas von der Ladung verkaufen könnten. Bis sie bei dem Besitzer des Getreides ankommen würden, wäre die Ladung wieder vollständig.
Die Matrosen glaubten Nikolaus und verschenkten viele Säcke an die hungernden Menschen.
Als das Schiff bei seinem Besitzer ankam, fehlte wirklich kein einziges Korn! Genau wie Nikolaus es versprochen hatte.

Die drei Töchter

Ein Mann hatte drei Töchter. Zu der damaligen Zeit konnten Mädchen nur heiraten, wenn sie Geld hatten. Weil der Vater sehr arm war, war es für die Töchter nicht möglich, dass sie heiraten konnten. Das war damals sehr schlimm.
Eines Tages fand der Vater in seinem Haus ein Säckchen Gold. Er war überglücklich. Jetzt konnte die älteste Tochter heiraten.
Zu seiner Überraschung fand er an jedem der nächsten beiden Tage wieder ein Säckchen Gold. Nun konnten auch seine beiden jüngeren Töchter heiraten.
Der Legende nach hat Nikolaus die Mädchen beschenkt und beschenkt auch heute noch die Kinder.

Christa Baumann/Stephen Janetzko

Öffne doch dem Nikolaus!

Text und Musik: Stephen Janetzko; CD "Winterzeit im Kindergarten";
© Edition SEEBÄR-Musik Stephen Janetzko, www.kinderliederhits.de

Tempo: ca. 150

Refrain: Öff-ne doch, ach öff-ne doch dem Ni-ko-laus die Tür.

Öff-ne doch, ach öff-ne doch dem Ni-ko-laus die Tür. Öff-ne doch, ach öff-ne doch dem

Ni-ko-laus die Tür. Öff-ne doch dem Ni-ko-laus die Tür!

1. Sechs-ter De-zem-ber im Ad-vent, min-des-tens ei-ne Ker-ze brennt.

Da kommt zu uns in un-ser Haus der gu-te Bi-schof Ni-ko-laus.

Refrain: Öffne doch, ach öffne doch dem Nikolaus ...

2. Stell ich die Stiefel vor die Tür,
dann kommt er sicher auch zu mir.
Voll guter Dinge ist sein Sack:
Früchte und Nüsse huckepack.

Refrain: Öffne doch, ach öffne doch dem Nikolaus ...

3. Nikolaus ist ein guter Mann.
Er half den Menschen, wo er kann.
Nikolaus kennt so manche Not.
Uns geht es heute wirklich gut!

Refrain: Öffne doch, ach öffne doch dem Nikolaus ...

4. Feiern wir heute diesen Mann,
denken wir immer gern daran.
Nikolaus, toll, dass es dich gibt,
wir haben dich so richtig lieb!

Refrain: Öffne doch, ach öffne doch dem Nikolaus ...

Nikolaussack nähen

Manchmal braucht der Nikolaus einen richtig großen Sack, damit er alle Geschenke transportieren kann. Wer mag helfen, ihn zu verzieren?

Material:
- 1 Kartoffelsack (Agrarhandel)
- Zeitungspapier
- dunkle Filzstifte
- Filzreste
- Schere
- Alleskleber
- Wollreste
- Nähnadel mit dickem Öhr

So geht's:
Den Kartoffelsack glatt hinlegen. Zeitungspapier hinein schieben, es soll ebenfalls glatt liegen.
Die Kinder überlegen sich Motive und malen diese mit Filzstift auf den Filz. Die Motive ausschneiden und auf den Kartoffelsack kleben. Trocknen lassen.
Nacheinander nähen die Kinder ihr Motiv mit Wolle und Nadel ringsum mit großen Stichen fest.
Der Sack braucht nur auf einer Seite verziert zu werden.

Fühlspiel mit dem Nikolaussack

In einen großen Nikolaussack können große Gegenstände gesteckt und dann gefühlt werden. Es wird die Seite zum Fühlen benutzt, die nicht beklebt wurde.

Material:
- Nikolaussack
- große Gegenstände aus der Einrichtung z. B. Hausschuhe, großer Bauklotz, Regenschirm, große Kleberolle usw.

So geht's:
Der Erwachsene sucht die Gegenstände und füllt sie in den Sack, ohne dass die Kinder sie gesehen haben. Wer fühlt von außen und kann einen Gegenstand benennen? Beim Herausnehmen darf das Kind nicht in den Sack schauen!

Nikolaus aus einer Holzleiste

Ein großer Nikolaus entsteht, wenn eine lange und breite Holzleiste als Untergrund verwendet wird.
Er kann im Freien stehen und die Besucher zum Beispiel vor der Haustür begrüßen.

Material:
- breite unlackierte Holzleiste
- Bleistift
- Flüssigfarbe
- Pinsel
- Klarlack
- Alleskleber
- Watte

So geht's:
Das Gesicht eines Nikolaus mit Bleistift auf den oberen Teil der Holzleiste zeichnen. Mit Flüssigfarbe ausmalen. Trocknen lassen. Die restliche Leiste mit roter Farbe bemalen. Das Gesicht des Nikolaus und den Bart anschließend aufmalen. Nach dem Trocknen ringsum mit Klarlack haltbar machen.
Soll der Nikolaus drinnen oder unter einem Dach stehen, dann kann er einen Bart aus Watte oder ungefärbter Schafwolle bekommen.

Schaut her, ich bin der Nikolaus

Text: Rolf Krenzer; Musik: Stephen Janetzko; CD "Und wieder brennt die Kerze"
© Edition SEEBÄR-Musik Stephen Janetzko, www.kinderliederhits.de

Refrain: Schaut her, ich bin der Nikolaus...

2. Schaut her, ich bin der Nikolaus.
Nun lass mich endlich rein!
Und komm ich heut zu dir nach Haus,
dann kannst du dich schon freun.

Refrain: Schaut her, ich bin der Nikolaus...

3. Schaut her, ich bin der Nikolaus.
Nun greift in meinen Sack!
Ich trug ihn schon von Haus zu Haus,
dazu noch huckepack.

Refrain: Schaut her, ich bin der Nikolaus...

4. Schaut her, ich bin der Nikolaus.
Weiß jemand noch ein Lied?
Dann schallt es laut jetzt durch das Haus,
denn alle singen mit.

Refrain: Schaut her, ich bin der Nikolaus...

5. Schaut her, ich bin der Nikolaus.
Nun muss ich weitergehn!
Schon nächstes Jahr bei euch zu Haus,
wolln wir uns wiedersehn.

Refrain: Schaut her, ich bin der Nikolaus...

 **Bedruckte Tüte**

Geschenktüten können alle Familien gut gebrauchen!

Material:
- Packpapier
- Moosgummi
- Kugelschreiber
- Schere
- Flaschenkorken
- Alleskleber
- Wasserfarben
- Pinsel

So geht's:
Aus dem Packpapier verschieden große Rechtecke schneiden und von beiden Seiten her zusammen falten (siehe Zeichnung).
Vor dem Zusammenkleben auseinander falten und bedrucken. Dazu ein Motiv (Stern, Weihnachtsbaum usw.) mit Kugelschreiber auf den Moosgummi zeichnen und ausschneiden. Einen Flaschenkorken senkrecht darauf kleben. Trocknen lassen. Jetzt ist der Stempel fertig.
Die Fläche des Stempels mit dick angerührter Wasserfarbe bestreichen. Auf das Packpapier drucken. Trocknen lassen.
Anschließend die Tüte falten und die Naht zusammen kleben. Fertig falten und auch an der Standfläche zusammen kleben.
Die Tüte lässt sich leichter füllen und steht gut, wenn man die Standfläche mit der Hand von innen auseinander drückt.
Zum Verstauen wieder zusammen falten.

 **Tipp**

Wer Reste von Geschenkpapier hat, kann Tüten für viele Gelegenheiten falten: für Geburtstage, Ostern, als Verpackung für Gebäck...

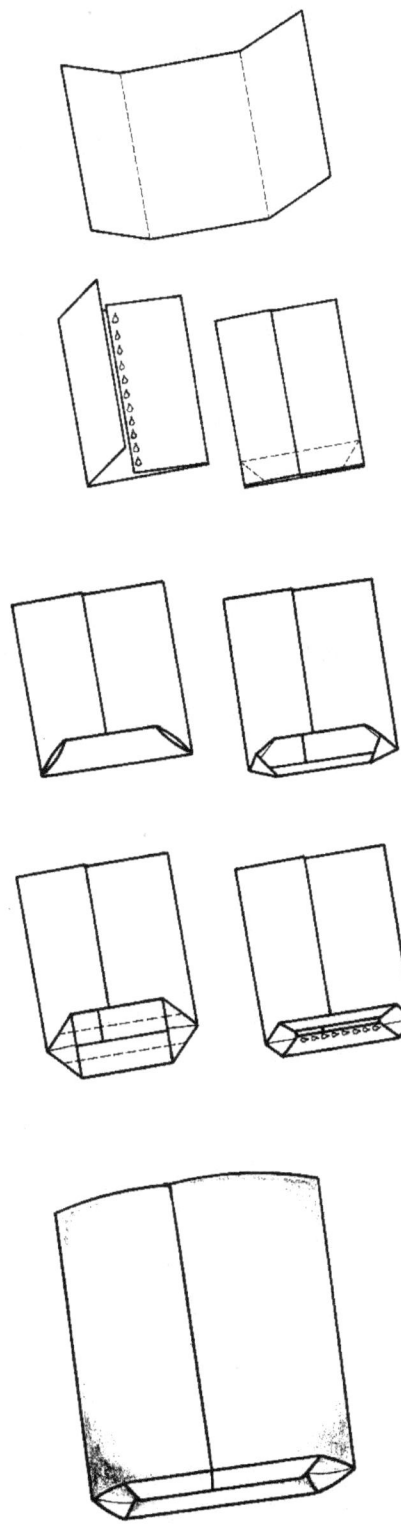

Ein bisschen so wie Nikolaus

Text: Elke Bräunling; Melodie: Paul G. Walter;
© Edition SEEBÄR-Musik Stephen Janetzko, www.kinderliederhits.de

2. Ein bisschen so wie Nikolaus möcht ich manchmal sein
und ich will auch mit dir teilen,
wenn du rufst, schnell zu dir eilen
Nur ein bisschen, klitzeklein, möcht ich wie Sankt Nikolaus sein.

3. Ein bisschen so wie Nikolaus möcht ich manchmal sein
und ich will treu zu dir stehen,
mit dir auch zum Doktor gehen.
Nur ein bisschen, klitzeklein, möcht ich wie Sankt Nikolaus sein.

4. Ein bisschen so wie Nikolaus möcht ich manchmal sein
und ich will im Streit nicht leben,
dir die Friedenspfeife geben.
Nur ein bisschen, klitzeklein, möcht ich wie Sankt Nikolaus sein.

5. Ein bisschen so wie Nikolaus möcht ich manchmal sein
und ich werd´ dich nicht verpetzen
oder gegen andre hetzen.
Nur ein bisschen, klitzeklein, möcht ich wie Sankt Nikolaus sein.

6. Ein bisschen so wie Nikolaus möcht ich manchmal sein
und ich schenk dir mein Vertrauen,
du kannst immer auf mich bauen.
Nur ein bisschen, klitzeklein, möcht ich wie Sankt Nikolaus sein.

Nikolausgeheimnisse im Kreis flüstern

Angelehnt an das Spiel „Stille Post" erzählen die Kinder Geheimnisse des Nikolaus im Kreis weiter.

So geht's:
Die Kinder sitzen im Stuhlkreis.
Ein Kind beginnt und überlegt sich etwas Ernstes oder Lustiges über den Nikolaus. „Der Nikolaus kann heute nicht mit dem Schlitten fahren, weil kein Schnee liegt". Oder „Der Nikolaus hat nur Geschenke für die Jungs mitgebracht".
Es flüstert seinem Sitznachbarn diesen Satz ins Ohr. Dieser gibt an seinen Nebenmann weiter, was er eben gehört hat. Das letzte Kind im Kreis sagt laut, was bei ihm angekommen ist.
Bestimmt sind die Kinder überrascht und amüsieren sich, wenn sie hören, welchen Satz das erste Kind geflüstert hat.

In der anschließenden Diskussion wird es darum gehen:
Ist der Sinn des ersten Satzes verdreht worden?
Oder geht es plötzlich um etwas ganz anderes?
Was ist dabei passiert?
Was könnte geschehen, wenn ich einen Freund etwas erzähle, dieser erzählt es wiederum weiter usw. ?
Stimmt immer alles, was mir andere erzählen?
Wer hat schon einmal schlechte Erfahrungen gemacht?
Was ist dabei genau passiert?
Ist es immer Absicht oder böse gemeint, wenn ein Freund einem anderen etwas falsch weiter erzählt?
Lassen sich die Erfahrungen mit dem Spiel in den täglichen Umgang miteinander umsetzen?

Bei diesem Gespräch ist es wichtig, dass innerhalb der Gruppe keine Vorwürfe gegen andere Kinder erhoben werden.

Christa Baumann/Stephen Janetzko

Wenn wir heute Nüsse knacken

Text: Rolf Krenzer/Stephen Janetzko/Brigitte Rondholz; Musik: Stephen Janetzko
(nach "Wenn wir Weihnachtsplätzchen backen" von Rolf Krenzer/Stephen Janetzko);
CD "Früchte Früchte Früchte" © Edition SEEBÄR-Musik Stephen Janetzko, www.kinderliederhits.de

Refrain: Wenn wir heute Nüsse knacken, müssen alle mit anpacken,
weil doch jeder, wie ihr wisst, so gern leckre Nüsse isst.
Mutti, Mutti, Mutti, jetzt krieg bloß keinen Schreck!
Da waren wohl die Mäuschen dran, denn schon sind alle weg!
Mutti, Mutti, Mutti, der Mandeltopf ist leer!
Da müssen doch so schnell wie möglich neue Nüsse her!

1. Mit Macadamia, auch Walnüsse und Haselnuss
fängt heut das Essen an;
Nun holt sie raus bei euch zu Haus;
und knackt dann aus dem Korb die schönsten Nüsse aus!

Refrain: Wenn wir heute Nüsse knacken ...

2. Sind dann die Mandeln alle aus, sind die Maronen dran,
damit ein jeder gut gelaunt gleich daran knabbern kann.
Nun ruht euch aus. Doch wer zu Haus
noch einen Apfel mag, der holt ihn schnell heraus.

Refrain: Wenn wir heute Nüsse knacken ...

3. Damit die leckren Sachen dann auch vor uns sicher sind
verpackt sie Mutti irgendwo, geschwind vor jedem Kind.
Schnell zugedeckt und gut versteckt.
Ja, diese Knabberei hat allen gut geschmeckt!

Refrain: Wenn wir heute Nüsse knacken ...

Textvariante für die Adventszeit (dazu braucht ihr nur den Refrain anders singen):
Wenn wir Weihnachtsnüsse knacken, müssen alle mit anpacken,
weil doch jeder, wie ihr wisst, so gern Weihnachtsnüsse isst.
Mutti, Mutti, Mutti ... da müssen doch für Weihnachten noch neue Nüsse her!

Rohe Plätzchen

Der Advent ist die Zeit des Plätzchen- Backens. Aber - muss wirklich alles gebacken werden?
Die rohen Plätzchen werden auf einem mit Backpapier ausgelegten Kuchengitter bei niedriger Temperatur im Backofen getrocknet.
Oder gibt es vielleicht in einer der Familien ein Trockengerät, das ausgeliehen werden kann?

 **Rohe Kokostaler**

Zutaten :
- 1 ½ Teelöffel Honig
- 2-3 Esslöffel warmes Wasser
- 80 g Kokosraspel
- 40 g gemahlene Mandeln

So geht's:
Honig und Wasser vermischen, die andern Zutaten zugeben und verkneten. Kleine Bällchen formen und zwischen den Handballen flach drücken. Einen Kochlöffel in die Backofentür stecken, die Plätzchen bei 50° oder im Trockengerät trocknen.

 **Rohe Schokotaler**

Zutaten :
- 160 g gemahlene Mandeln
- 40 g Kokosflocken
- 1 mittelgroße Banane - zerdrückt
- 1 Esslöffel Zitronensaft
- 1 Esslöffel Kakao
- 2 Teelöffel Zimt
- ¼ Teelöffel Muskatnuss

So geht's:
Plätzchen herstellen wie bei den Kokosmakronen beschrieben.

Christa Baumann/Stephen Janetzko

Alle wollen backen

Text und Musik: Stephen Janetzko; CD "Das Licht einer Kerze - Die 25 schönsten Weihnachtslieder"
© Edition SEEBÄR-Musik Stephen Janetzko, www.kinderliederhits.de

Refrain: Alle wollen backen, alle wollen knacken. Jeder ist sofort dabei, bei der Weihnachtsbäckerei. Alle wollen helfen wie die Weihnachtselfen. La-la-la-la-la-la-la-la, la-la-la-la-la-la-la-la, la-la-la-la-la-la-la-la, la-la-la-la-la. la-la-la-la-la-la-la-la.

1. Weihnachtszeit, du schönste Zeit.
Wie wir lieben, wenn es schneit!
Weiße Flocken überall;
jede Flocke ein Kristall.
Ahhh - ohhh - uhhh!

Refrain: Alle wollen backen...

2. Plätzchenteig ist angerührt,
alle haben schon probiert.
Kinder, Kinder, wie das schmeckt,
komm, jetzt machen wir Konfekt!
Ahhh - ohhh - hmmm!

Refrain: Alle wollen backen...

3. Basteln mit Papier ist schön,
das kannst du am Fenster sehn:
Sterne, Schneemann, Weihnachtsbaum
hängen wir in jeden Raum!
Ahhh - ohhh - uhhh!

Refrain: Alle wollen backen...

4. Mandel-, Pekan-, Haselnuss
essen wir mit Hochgenuss.
Alles wird heut selbst geknackt.
Dazu singen wir im Takt:
Ahhh - ohhh - hmmm!

Refrain: Alle wollen backen...

Rezepte mit gebackenen Plätzchen

 **Butterplätzchen**

Das Allerwichtigste beim Plätzchenbacken ist für Kinder das Ausstechen!

Zutaten :
- 400 g Mehl
- 200 g Butter
- 150 g Zucker
- 1 ganzes Ei
- 1 Eigelb
- Klarsichtfolie
- Ausstechförmchen
- 1 Eigelb zum Bestreichen
- Hagelzucker, bunte Streusel, Schokostreusel o. Ä.

So geht's:
Alle Zutaten verkneten. Den Teig in Folie wickeln und 1 Stunde kühl stellen.
Auswellen und Plätzchen ausstechen. Mit Eigelb bestreichen. Mit Hagelzucker, bunten Streuseln, Hagelzucker o. Ä. bestreuen.
Im vorgeheizten Backofen bei 180° Heißluft etwa 15 Minuten backen.

 **Schokoladenplätzchen**

Zutaten :
- 200 g Mehl
- 60 g Stärke
- 1 Teelöffel Backpulver
- 100 g Zucker
- 1 Ei
- 150 g Butter oder Margarine
- 100 g Blockschokolade
- Klarsichtfolie

So geht's:
Die Blockschokolade mit dem Küchenmesser zerkleinern (das macht am besten ein Erwachsener).
Alle Zutaten zu einem Teig zusammen kneten. Zu Rollen von etwa 3cm Dicke formen, in Folie wickeln und 1 Stunde kühl stellen.
In etwa 2 cm dicke Scheiben schneiden und mit Abstand auf ein mit Backpapier ausgelegtes Blech legen.
Im vorgeheizten Backofen bei 180° ca. 15 Minuten backen.

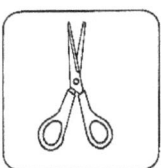

Plätzchen aus Salzteig für die Puppenküche

Material für die Puppenküche wird immer gebraucht! Für jüngere Geschwister, Cousinen usw. ab 3 Jahren können die Gegenstände aus Salzteig hergestellt werden.

Material :
- 2 Tassen Mehl
- 1 Tasse Salz
- 1 Tasse Wasser
- Wellholz
- Ausstechförmchen
- Flüssigfarben
- Pinsel
- Klarlack

So geht's:
Die Zutaten verkneten. Den Salzteig auswellen und mit den Förmchen Plätzchen ausstechen. Trocknen lassen.
Nach Wunsch bunt bemalen. Nach dem Trocknen mit Klarlack bestreichen und damit haltbarer machen.
Natürlich dürfen die Plätzchen nicht angeknabbert werden!

Fühlspiel mit den Salzteigplätzchen

Material:
- Plätzchen aus Salzteig in verschiedenen Formen und unterschiedlichen Größen
- 2 kleine Tücher

So geht's:
Die Kinder sitzen im Stuhlkreis.
Ein Tuch auf den Boden legen, die Plätzchen darauf verteilen. Mit dem zweiten Tuch zudecken. Alle Tücher mit den Plätzchen dazwischen einmal rundherum auf dem Boden drehen. Jetzt liegen die Plätzchen an einer anderen Stelle, als es sich die Kinder haben merken können.
Ein Kind fasst unter das Tuch. Es fühlt das gefundene Plätzchen und beschreibt es. Ist es ein runder Mont, ein Stern, ein Tannenbaum..? Nach dem Raten zieht es das Plätzchen unter dem Tuch vor. Hat es richtig geraten? Anschließend kommt ein anders Kind an die Reihe.

Versteckspiel mit Salzteigplätzchen

Bei schlechtem Wetter kann man auch in der Einrichtung spielen. Dabei verstecken sich nicht die Kinder, sondern sie suchen selbst gemachte Salzteigplätzchen.

Material:

- Plätzchen aus Salzteig
- Weihnachtsplätzchen

So geht's:
Die Kinder verlassen den Raum. Der Erwachsene versteckt eine bestimmte Anzahl von Salzteig- Plätzchen.
Wer findet die meisten Plätzchen? Anschließend können sie gegen echte Plätzchen getauscht werden und die Kinder essen zusammen.

Variation:
- Die Kinder schneiden viele gleiche Sterne aus, die versteckt und gesucht werden. Wie viele sind es? Wenn die Kinder denken, dass sie alle gefunden haben,

werden die Sterne gezählt. Eventuell geht die Suche anschließend weiter.
- Jedes Kind sucht sich einen Gegenstand in der Einrichtung, der ihm im Advent gut gefällt oder wichtig ist. Das kann eine Kerze vom Esstisch sein, ein kleiner Tannenzweig, ein selbst gebastelter Stern. Jedes Kind stellt seinen Gegenstand vor und erzählt dabei, warum ihm dieser gefällt oder wichtig ist.
- Der Erwachsene versteckt einen der Gegenstände, die Kinder suchen.
- So werden nach und nach einige der Gegenstände versteckt und gesucht.
- Die Gegenstände, die noch nicht gesucht wurden, werden genau angeschaut. Wie viele sind es? Sie werden zusammen in der letzten Runde versteckt und gesucht.

 **Geschmackspiel**

Wie lecker schmecken Rosinen, getrocknete Äpfel, Birnen und Nüsse! Können die Kinder aber erkennen, was sie essen, ohne es zu sehen?

Material:

- Obst, und Trockenfrüchte
- Teller
- Küchenmesser
- Tuch

So geht's:
Die Kinder sehen sich das Obst, und die Trockenfrüchte an. Wer weiß, wie die einzelnen heißen, wo sie wachsen?
Einem Kind werden die Augen verbunden. Es bekommt ein Stückchen Obst oder ein Stück Trockenfrucht gereicht. Kann es schmecken, was es gerade isst?
Nach dem Erraten sucht es sich das nächste Kind aus.

 **Tipp**

Nur Obst und Trockenfrüchte verwenden, keine Nüsse. Es ist sicherer, wenn Kinder in der Kita keine Nüsse essen. Sie könnten sich leicht verschlucken.

Wir warten und warten

Text: Rolf Krenzer; Musik: Stephen Janetzko; CD "Und wieder brennt die Kerze"
© Edition SEEBÄR-Musik Stephen Janetzko, www.kinderliederhits.de

Refrain: Wir warten und warten...

2. Wie habe ich gewartet dann auf den Nikolaus,
doch plötzlich hört´ ich seinen Schritt direkt vor unserm Haus.
Er kam zu mir! Wie war ich froh, als ich ihn endlich sah.
Doch als es grad am schönsten war, war er schon nicht mehr da.

Refrain: Wir warten und warten...

3. Dann probten wir zusammen ein neues Krippenspiel.
Wir gaben uns die größte Müh und sangen schön und viel.
Wir spielten unser Krippenspiel vor ganz viel Publikum,
doch als es grad am schönsten war, da war es schon herum.

Refrain: Wir warten und warten...

4. Wir können`s kaum erwarten, dass Weihnachten beginnt.
Es warten große Leute und es wartet jedes Kind.
Kann endlich ich den Weihnachtsbaum mit seinen Lichtern sehn,
dann wünscht´ ich mir, die Zeit bliebe stehn und würd nie weitergehn.

Refrain: Wir warten und warten...

 # Duftspiel

Wer kann Obst und Gewürze am Duft erkennen? Ein Spiel für jeweils zwei Kinder.

Material:

- Orangen
- Zitronen
- Zimtpulver und Zimtstange
- Nelkenpulver und ganze Nelken
- Lebkuchengewürz
- Küchenmesser
- Schneidbrett
- Kaugummidosen

So geht's:
Zuerst muss das Spiel hergestellt werden:
Orangen und Zitronen klein schneiden. Obststücke und Gewürze jeweils in eine leere Kaugummidose füllen.
Zuerst riechen die Kinder an allen Dosen und besprechen, welchen Duft sie erkannt haben. Dann werden die Deckel geschlossen.
Ein Kind schließt die Augen. Das andere hält ihm eine offene Dose unter die Nase. Kann es riechen, was sich in der Dose befindet?
Nach jedem Versuch wechseln.

Wichtig:
Nach dem Spielen müssen die frischen Fruchtstücke aus den Dosen entfernt und diese gut gespült werden.

 **Tipp**

Als Varianten bieten sich im Advent auch frische Ananas, Kaki, Mandarinen und Grapefruit an.

Mandarinen, Mandarinen
(Das Mandarinenlied)

Text und Musik: Stephen Janetzko;
© Edition SEEBÄR-Musik Stephen Janetzko, www.kinderliederhits.de

Tempo: ca. 100

1. Ich ess gerne Mandarinen, Mandarinen ess ich gern; schäl sie fröhlich mit den Fingern, mag sie süß und ohne Kern. Refrain: Mandarinen, Mandarinen - in der kalten Jahreszeit; Mandarinen, Mandarinen - da ist Mandarinenzeit!

2. Keiner braucht sich zu beklagen,
halt die Nase in die Luft:
Stück für Stück geht in den Magen
und im Zimmer frischer Duft!

Refrain: Mandarinen, Mandarinen...

3. Manchmal bin ich ganz verwegen,
presse sie zu einem Saft;
möchte 100 Jahre leben -
Mandarinen geben Kraft!

Refrain: Mandarinen, Mandarinen...

4. Diese leck´ren Mandarinen -
was ein Winterhochgenuss -
sind so reich an Vitaminen,
dass ich täglich naschen „muss"...

Refrain: Mandarinen, Mandarinen...

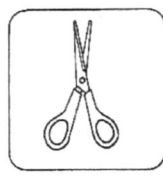
Filzstiefel für den Nikolaus nähen

Natürlich braucht der Nikolaus eine Möglichkeit, um seine Geschenke abzugeben. Er legt sie nicht einfach auf die Treppenstufen oder die Fensterbank. Die Kinder können diese Stiefel mit nach Hause nehmen. Oder sie werden für den Besuch des Nikolaus mit Namen versehen und eingesammelt.

Material:
- Butterbrotpapier
- Bleistift
- Pappe
- dunkler Filzstift
- Schere
- Filz
- eventuell Sicherheitsnadeln
- dünnes Nähgarn
- Nähnadel mit großem Öhr
- dünne Wolle
- Zeitungspapier
- Alleskleber

So geht's:
Den Stiefel mit Butterbrotpapier abpausen und ausschneiden. Auf die Pappe legen, mit dem Bleistift umrunden und ausschneiden. Den Filz doppelt legen. Den Pappstiefel darauf legen, mit dem Filzstift nachzeichnen und ausschneiden.
Beide Teile mit groben Stichen oder Sicherheitsnadeln fixieren.
Mit Wolle am Rand zusammen nähen. Oben bleibt der Stiefel offen.
Motive auf den Filz aufzeichnen (z.B. Apfel, Nüsse, Tannenbaum) und ausschneiden. Ein paar Lagen Zeitungspapier glatt in den Stiefel legen. Die Motive aufkleben. Die Zeitung entfernen.
Ein Stück Wolle zum Aufhängen am oberen Rand durchfädeln und zusammen knoten.

 **Tipp**

Die Motive können auch mit Wolle in Kontrastfarbe angenäht werden.

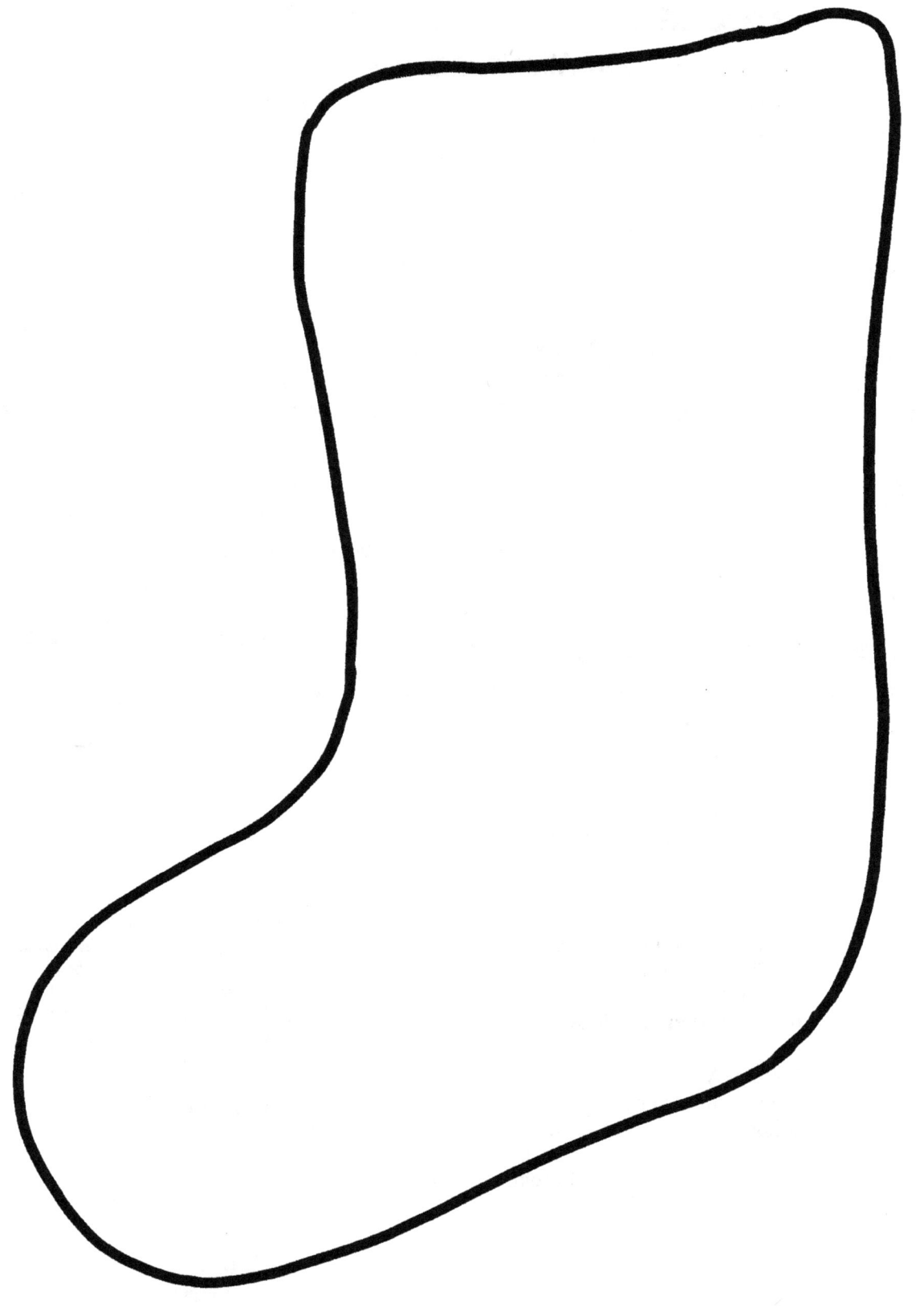

Heute kommt der Nikolaus
Ein Nikolausspiellied

Text: Elke Bräunling, Musik: Stephen Janetzko; CD "Das Licht einer Kerze - Die 25 schönsten Weihnachtslieder" © Edition SEEBÄR-Musik Stephen Janetzko, www.kinderliederhits.de

Refrain (Alle):
Heute kommt der Nikolaus.
Steht er schon vor unserm Haus?
Wir machen rasch die Türen auf.
Pst! Pst! Er kommt bestimmt gleich rauf.

2. Strophe:
(1. Kind): Er bringt zumeist Geschenke mit.
(2. Kind): Wir singen ihm ein schönes Lied.
(3. Kind): Ich schenke ihm ein Weihnachtslicht.
(4. Kind): Und ich, ich sag ihm ein Gedicht!

Refrain (Alle):
Heute kommt der Nikolaus.
Schon stapft er durch unser Haus.
Und gleich schon wird er bei uns sein.
Ruft: „Nikolaus! Herein! Herein!"

Spielanregung:
Ein Nikolausspiellied für Kindergruppen zum Aufführen beim Nikolausfest.
Vier Kinder (oder acht) singen jeweils eine Zeile solo, den Refrain singen wir gemeinsam.
Der Text kann wahlweise auch gesprochen werden.
Zum Schluss erscheint dann der Nikolaus (die letzte Zeile des letzten Refrains kann öfters wiederholt werden, bis er tatsächlich da ist).

Nikolauskostüm im Kreis anprobieren

Der Nikolaus trägt keine Jeans wie Papa. Entweder er hat seinen roten „Arbeitsmantel" oder sein weißes Bischofsgewand an. Dann trägt er auf dem Kopf eine Mitra, in der Hand hält er den Hirtenstab.
Jüngere Kinder werden sich eventuell doch ängstigen, wenn der Nikolaus in diesem Gewand vor ihnen steht. Hier hat es sich bewährt, dass die Erzieherin das Kostüm vor dem Besuch mitbringt, die Kinder den Stoff fühlen können und dass die Erzieherin das Kostüm anzieht. Wie schnell ist dann trotzdem aus Frau Meier der Nikolaus geworden! Wichtig ist auch, die Mitra vorzustellen. Wer trägt eine solche Kopfbedeckung, welches Amt führt er aus? Der Hirtenstab ist für die Kinder sicher einfacher zu verstehen. Vielleicht haben sie schon einmal eine Schafherde gesehen und wissen, wozu der Hirte seinen Stab braucht.

Nikolausfeiern in der Kita

Wahrscheinlich feiert jeder Kindergarten den Nikolaustag. Und sicher hat dabei jede Einrichtung ihre eigenen Rituale. Oft sind es Abläufe, die sich in den letzten Jahren bewährt haben, die vom Träger gewünscht oder vom Elternbeirat gestaltet werden möchten.
Allgemeingültige Rezepte für die Vorbereitung auf diesen Tag, für die Durchführung dieses Festes oder eines Gottesdienstes gibt es sicher nicht. Lassen Sie sich von den hier aufgeführten Ideen inspirieren und picken Sie sich das heraus, was für Ihre Einrichtung passt.

Der Nikolaus besucht die Kinder

In der Regel besucht der Nikolaus alle Kinder der Einrichtung. Selten wird er Zeit haben, mehrmals in kleinen Gruppen zu feiern. So warten alle Kinder im großen Kreis auf ihn.

Nach einer guten Vorbereitung wird es hoffentlich nur wenige Kinder geben, die sich ängstigen, wenn der Nikolaus kommt. Sollte es doch Kinder geben, die unsicher werden, können sie schnell auf dem Schoß einer Erzieherin beobachten, was nun passiert.

Vorbereitungen:
- In den Tagen zuvor mit den Kindern Weihnachtsplätzchen backen, vor der Feier auf Platten verteilen.
- Stiefel mit den Kindern putzen oder Stiefel, Säckchen o. ä. herstellen oder die Säckchen, die jedes Jahr verwendet werden, hervorholen.
- Geschenke für die Kinder in einen Bollerwagen packen, zudecken und so vor der Tür deponieren, dass die Kinder ihn beim Ankommen nicht sehen (eventuell gibt es einen zweiten Eingang, durch den auch der Nikolaus kommt und von wo er den Wagen mitbringen kann).
- Kinderpunsch herstellen und warm halten.
- „Goldenes Buch" vorbereiten: ein dickes Buch in Goldfolie einpacken. Ein Blatt Papier hinein legen. Darauf steht alles, was der Nikolaus wissen muss und was er an die Kinder weitergeben soll: was war im letzten Jahr besonders gut? Was müssen die Kinder noch üben? Worüber hat er sich besonders gefreut?
- Stuhlkreis stellen.
- Einen großen Stuhl für den Nikolaus in den Stuhlkreis stellen
- Adventskranz in die Mitte des Kreises stellen, einen Eimer mit Wasser dazu (oder Feuerlöscher, Löschdecke).
- Geschenk für den Nikolaus vorbereiten und bereit halten.
- Eventuell Liedblätter für die Erzieherinnen zurecht legen.
- Kamera bereit legen (bestimmt möchten die Kinder Fotos vom Besuch des Nikolaus ins Portfolio kleben und dabei viel erzählen können).

Ablauf der Feier:
Die Kinder nehmen im Stuhlkreis Platz. Ein Erwachsener nimmt den Nikolaus außerhalb der Sichtweite der Kinder in Empfang. Vielleicht kommt er in Alltagskleidung und möchte sich erst umziehen. Die Erzieherinnen im Kreis bekommen Rückmeldung, wenn er fertig ist und die Feier beginnen kann.
Nachdem ein Nikolauslied gesungen wurde, läutet es an der Tür, der Nikolaus kommt! Er schaut sich um, begrüßt die Kinder und Erzieherinnen und setzt sich auf seinen Stuhl.
Aus seinem Goldenen Buch liest er vor, was sich seit seinem letzten Besuch zugetragen hat. Stimmt es, dass der Baubereich immer sehr unaufgeräumt aussieht? Kann es sein, dass sich die großen Jungs und Mädchen ständig zanken? Und stimmt es, dass die Größeren aber den Jüngeren beim Anziehen helfen und sie beim Naturtag im Bollerwagen ziehen, wenn diese nicht mehr wandern können? Viele Fragen des Nikolaus werden die Kinder nicht sonderlich gern beantworten, über andere werden sie sich

freuen. Er hält aber seinen Dialog mit den Kindern recht neutral, schließlich kennt er sie nicht und kann niemanden besonders hervor heben. Denn alle Kinder können manche Dinge nicht so gut, anderes aber ausgezeichnet!

Nach seinem Gespräch mit den Kindern und einem weiteren Lied hilft ein Erwachsener beim Verteilen der Geschenke. Vielleicht wünscht sich der Nikolaus zum Schluss ein Lied, bevor er sich wieder verabschiedet.

Bei Kinderpunsch und Weihnachtsgebäck klingt die Feier aus.

Nach dieser Anstrengung ziehen sich die Kinder gern an und toben sich ein bisschen im Freien aus, bevor sie nach Hause gehen.

Nikolauspunsch aus rotem Tee und Orangensaft

Zutaten:
- 1 l Früchtetee
- Glühweingewürz
- 1 Esslöffel Honig
- 1 l Orangensaft

Zubereitung:
Früchtetee zubereiten. Mit Glühweingewürz aufkochen und ziehen lassen.
Das Gewürz entfernen, Honig zugeben und alles verrühren. Orangensaft zugeben und nochmals erwärmen.

Winterpunsch für die Erwachsenen

Zutaten:
- ½ l starker Schwarztee
- 1 Orangensaft
- 1 Zitronensaft
- 100 g Zucker
- ¼ l Rum
- 2 Flaschen Rotwein
- 1 Stück Stangenzimt
- 3 Nelken

Zubereitung:

Alle Zutaten mischen, bis kurz vor dem Kochen erhitzen, etwas ziehen lassen. Die Gewürze entfernen.
Das Rezept ist für 8 Personen berechnet.

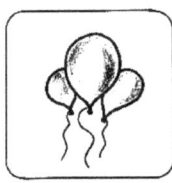

Der Nikolaus besucht Kinder und Großeltern

Sehr dankbare Besucher in der Kita sind die Großeltern. Gern kommen sie von weit her, um mit ihrem Enkelkind zu feiern. Dabei lernen sie die Kinder und Erzieherinnen kennen, die ihnen aus den Erzählungen des Enkels bereits bekannt sind.
Für diese Besucher müssen eventuell große Stühle in den Stuhlkreis integriert werden.

Vorbereitungen:
- In den Tagen zuvor mit den Kindern Weihnachtsplätzchen backen, vor der Feier auf Platten verteilen.
- Einladungen an die Großeltern verfassen. Die Eltern werden gebeten, diese an die Großeltern weiter zu geben. Da sehr viele Personen erwartet werden, eventuell auf der Einladung anfragen, wer Kuchen backen und mitbringen kann.
- Ein kleines Geschenk für die Großeltern basteln. Die Kinder, die leider keinen Besuch mitbringen können, nehmen das Geschenk für die Großeltern mit nach Hause und schicken es vielleicht hin oder sie schenken es den Eltern.
- Stiefel mit den Kindern putzen oder Stiefel, Säckchen o. ä. herstellen oder die Säckchen, die jedes Jahr verwendet werden, hervorholen.
- Geschenke für die Kinder in einen Bollerwagen packen, zudecken und so vor der Tür deponieren, dass die Kinder ihn beim Ankommen nicht sehen (eventuell gibt es einen zweiten Eingang, durch den auch der Nikolaus kommt und von wo er den Wagen mitbringen kann).
- Kinderpunsch herstellen und warm halten.
- „Goldenes Buch" vorbereiten: ein dickes Buch in Goldfolie einpacken. Ein Blatt Papier hinein legen. Darauf steht alles, was der Nikolaus wissen muss und was er an die Kinder weitergeben soll: was war im letzten Jahr besonders gut? Was müssen die Kinder noch üben? Worüber hat er sich besonders gefreut?
- Stuhlkreis stellen.
- Einen großen Stuhl für den Nikolaus in den Stuhlkreis stellen
- Adventskranz in die Mitte des Kreises stellen, einen Eimer mit Wasser dazu (oder Feuerlöscher, Löschdecke).
- Geschenk für den Nikolaus vorbereiten und bereit halten.
- Liedblätter für Großeltern und Erzieherinnen zurecht legen.
- Kamera bereit legen (bestimmt möchten die Kinder Fotos vom Besuch des

Nikolaus in ihr Portfolio kleben).

Ablauf der Feier:

Diese Feier kann genau so ablaufen wie oben beschrieben. Der Nikolaus wird sicher auf die Großeltern eingehen. Vielleicht mag einer der Gäste erzählen, wie es früher war, als der Nikolaus kam?

Im Anschluss an die Feier trinken die Großeltern mit den Kindern Nikolauspunsch und essen Weihnachtsgebäck und Kuchen.

Vielleicht haben die Kinder noch Zeit, den Großeltern die Einrichtung zu zeigen und vielleicht noch ein bisschen zu spielen?

2. Nikolaus, Nikolaus, komm zu mir nach Haus.
   Stelle meine Schuh´ heraus!
   Findest du auch unser Haus?
   Nikolaus, Nikolaus, komm zu mir nach Haus.

3. Nikolaus, Nikolaus, komm zu mir nach Haus.
   Sag, hast du an mich gedacht
   und mir etwas mitgebracht?
   Nikolaus, Nikolaus, komm zu mir nach Haus.

 # Bild weben

Bei diesem gewebten Bild ist ein Stück starke Bastelfolie eingewebt.

Material:
- Karton
- Schere
- Wollreste
- Webnadel
- starke Bastelfolie

So geht's:
Aus dem Karton ein Rechteck in beliebiger Größe zuschneiden. An den Schmalseiten kleine Schlitze einschneiden. Wolle als Kettfäden einziehen.
Das Kind webt ein paar Reihen. Dann werden die Webreihen in der Mitte ein bisschen auseinander gezogen und ein Stück Bastelfolie eingeschoben. So weit weben, dass die Nadel gerade noch durchgeschoben werden kann. Das Gewebe vom Karton abnehmen und die Fäden vernähen.

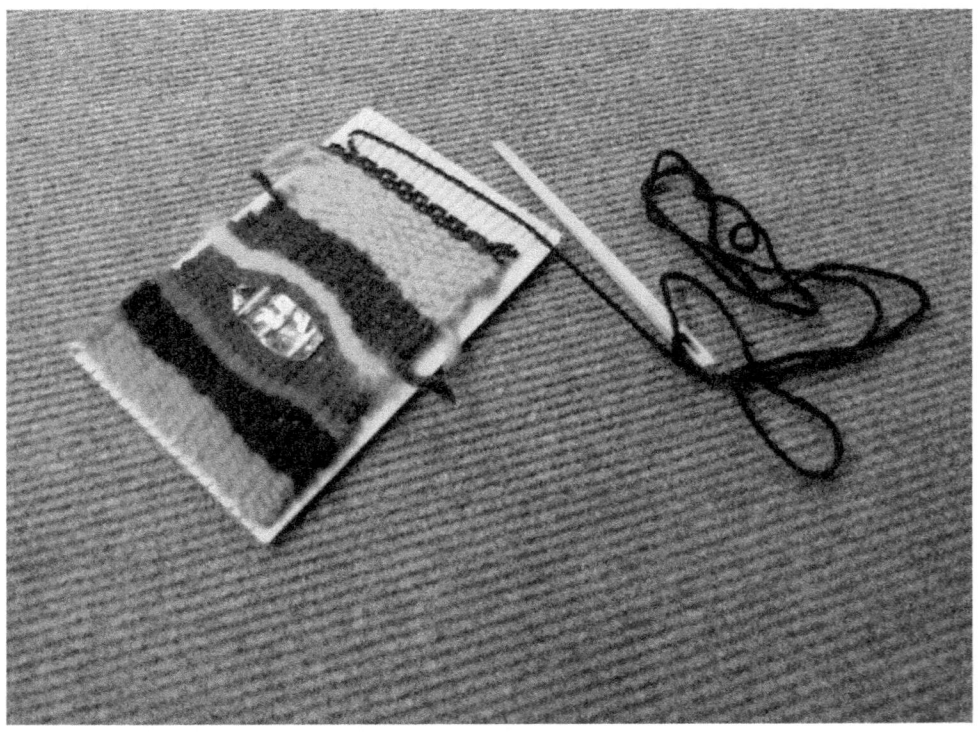

Der Advent ist da!

Text: Rolf Krenzer; Musik: Stephen Janetzko; CD "Und wieder brennt die Kerze"
© Edition SEEBÄR-Musik Stephen Janetzko, www.kinderliederhits.de

Tempo: ca. 168

Wenn wir heim-lich Päck-chen pa-cken, a-bends ger-ne Nüs-se kna-cken,
wenn wir flüs-tern, lei-se tu-scheln, eng uns an-ei-nan-der ku-scheln,
wenn vor un-sern Fen-ster-schei-ben er-ste wei-ße Flo-cken trei-ben,
wenn wir Weih-nachts-post fran-kie-ren und dann Brat-äp-fel pro-bie-ren,
sin-gen wir dann im-mer wie-der all die schö-nen Weih-nachts-lie-der...,
dann weiß je-der gleich Be-scheid: Der Ad-vent ist da und die schön-ste Zeit!

wenn zu Haus beim Plätz-chen-ba-cken al-le Leu-te mit an-pa-cken,
und wenn wir im Kin-der-gar-ten auf den Ni-ko-laus dann war-ten,
wenn wir bas-teln, häm-mern, schnei-den, und die Luft voll Heim-lich-kei-ten,
wenn wir dann zum Christ-markt lau-fen, um den Weih-nachts-baum zu kau-fen,
sin-gen wir dann im-mer wie-der all die schö-nen Weih-nachts-lie-der...,
dann weiß je-der gleich Be-scheid: Der Ad-vent ist da und die schön-ste Zeit!

Nikolauskarte spritzen

Spritzen mit einer Zahnbürste und einem Sieb macht Spaß!

Material :
- Tonpapier in hellem Farbton
- Schneidemaschine
- Kartonrest
- Bleistift
- Schere
- Malkittel
- Zeitungspapier
- weißes Papier
- Wasserfarben
- alte Zahnbürste
- Spritzsieb oder altes Teesieb
- Pinsel
- Klebestift

So geht's:
Aus dem Tonpapier Karten in DIN A5 schneiden und zusammen falten. Aus dem weißen Papier Karten in DIN A6 schneiden.
Einen Nikolaus auf die Pappe zeichnen und ausschneiden. Den Tisch mit Zeitungspapier abdecken und einen Malerkittel anziehen.
Den Nikolaus auf die Vorderseite der Tonpapierkarte legen. Etwas Wasserfarbe anrühren. Mit der Zahnbürste Farbe aufnehmen. Das Spritzsieb über den Nikolaus halten, mit der Zahnbürste darüber streichen. Es sollen gleichmäßig verteilt kleine Tröpfchen Farbe auf das Papier fallen.
Den Nikolaus vorsichtig nach oben herunter heben. Er ist jetzt in der Farbe der Karte zu sehen.
Gut trocknen lassen. Je eines der zugeschnittenen weißen Blätter zum Schreiben des Textes hinein legen.
Auf diese Weise können die Kinder mehrere Karten in verschiedenen Farben herstellen. Nicht nur die Eltern – auch die Großeltern, Bekannte usw. sind dankbare Abnehmer.

Lasst uns froh und munter sein

Text und Musik: trad./Bearb.: Stephen Janetzko;
© Edition SEEBÄR-Musik Stephen Janetzko, www.kinderliederhits.de

2. Dann stell ich den Stiefel raus,
Nik'laus legt gewiss was drauf.
Lustig, lustig, ...

3. Wenn ich schlaf, dann träume ich,
jetzt bringt Nik'laus was für mich.
Lustig, lustig, ...

4. Wenn ich aufgestanden bin,
lauf ich schnell zum Stiefel hin.
Lustig, lustig, ...

5. Nik'laus ist ein guter Mann,
dem man nicht genug danken kann.
Lustig, lustig, ...

Weihnachtskarte mit Weihnachtsbaum

Sehr plastisch wirken aufgeklebte Motive aus Filz.

Material :
- Tonpapier in hellem Farbton
- Schneidemaschine
- Malpapier
- Filzreste
- Filzstifte
- Schere
- Alleskleber
- sehr kleine rote Perlen
- Sternaufkleber oder Filzstift in Silber oder Gold

So geht's:
Aus dem Tonpapier Karten in DIN A5 schneiden und zusammen falten.
Ein Blatt Malpapier in DIN A6 zuschneiden. Längs zusammen falten. Einen Weihnachtsbaum darauf zeichnen und ausschneiden. Auseinander falten. Auf den Filzrest legen, mit dem Filzstift umrunden. Ausschneiden.
Auf die Karte kleben.
Die kleinen roten Perlen als Kugeln auf den Weihnachtsbaum kleben.
Um den Baum kleine Sterne aufkleben oder mit Filzstift malen.

 **Tipp**

Es eignen sich alle anderen Weihnachtsmotive wie Sterne, Engel, eine Krippe mit dem Kind...
Wichtig ist, dass die Karten nicht zu dick werden, damit sie gut in die Briefumschläge geschoben werden können.

Wann ist es soweit?

Text und Musik: Stephen Janetzko; CD "Winterzeit im Kindergarten"
© Edition SEEBÄR-Musik Stephen Janetzko, www.kinderliederhits.de

Tempo: ca. 162

Refrain: Wann ist es soweit? Wann ist es soweit?
Bis Weihnachten, bis Weihnachten ist eine lange Zeit.

1. Schon seit dem Laternenfest hab ich dran gedacht,
ich träum dann so oft ich kann von der Weihnachtsnacht.

Refrain: Wann ist es soweit?...

2. Wenn zu Haus der grüne Kranz
mit den Kerzen brennt,
jede Woche eine mehr,
ja, dann ist Advent.

Refrain: Wann ist es soweit?...

3. Kommt schon bald der Nikolaus,
mit dem großen Sack.
Äpfel, Mandeln und noch mehr
ess ich nicht zu knapp

Refrain: Wann ist es soweit?...

4. Stechen wir die Plätzchen aus
bei der Bäckerei,
aufgegessen ist alsbald
manche Leckerei.

Refrain: Wann ist es soweit?...

5. Heiligabend kommt bestimmt.
Wie in meinem Traum,
feiern alle, die ich mag,
unterm Tannenbaum.

Refrain: Wann ist es soweit?...

 **Lügengeschichte**

Eine Lügengeschichte macht Spaß!

So geht's:
Lesen Sie die Geschichte bis zu einer Lüge vor und machen Sie dann eine Pause. Vielleicht brauchen die Kinder einen Moment, bis sie erkannt haben, dass hier etwas nicht stimmen kann!

Die Geschichte:
Es war Winter. Die Sonne schien hell vom Himmel herunter und es war sehr, sehr kalt. Laura und Tim warteten auf den Nikolaus. Jeden Montag kam er bei ihnen vorbei. Dann klingelte er an der Wohnungstür, gab ihnen eine Handvoll Erdbeeren und schon war er wieder verschwunden.
Natürlich kam der Nikolaus nicht jeden Montag – und Erdbeeren brachte
er auch nicht mit. Nein, der Nikolaus kam nur einmal im Jahr, am 6. Dezember.
Heute war der 5. Dezember. Laura und Tim brauchten nur noch dreimal zu schlafen.
Klar, sie mussten nur noch einmal schlafen, denn morgen war der Nikolaustag.
Laura und Tim putzten ihre Stiefel. Sie nahmen die Zahnbürste und putzten ganz gemütlich.
Nein, nicht die Zahnbürste: sie nahmen die Schuhbürste. Draußen auf dem Balkon standen die beiden und froren ein bisschen. Denn die Sonne schien hell und es war sehr, sehr warm.
Natürlich war es sehr kalt! Laura und Tim hatten ihre Anoraks angezogen, dazu die Mützen. Nur die Handschuhe hatte Mama wieder in die Schublade gelegt.
„Die Schuhe sind schmutzig. Putzt bitte ohne Wollhandschuhe. Und wascht euch dann die Hände."
Das war jetzt keine Lüge! Laura und Tim putzten wirklich ohne Handschuhe. Sie beeilten sich sehr, bürsteten von links nach rechts und von rechts nach links. So lange, bis die Stiefel richtig blitzblank waren. Dann stellten sie die Stiefel in den Kühlschrank und gingen ins Bett.
Logisch: in den Kühlschrank kommen die Stiefel nicht, sie werden vor die .... (Tür) gestellt!
Weißt du jetzt, was du am Abend vor dem Nikolaustag tun kannst?
Oder kommt der Nikolaus zu euch in die Klasse?

Wir sind Winterkinder

Text: K. Bucher; Musik: Stephen Janetzko;
© Edition SEEBÄR-Musik Stephen Janetzko, www.kinderliederhits.de

Tempo: ca. 100

1. Wir sind Win-ter-kin-der, end-lich ist´s so-weit. Wei-ße Flo-cken lo-cken, wenn es Träu-me schneit. Wir sind Win-ter-kin-der, hei, bei Eis und Schnee hält´s zu-haus doch kei-ner aus! Komm mit raus, juch-he! He-jo-he, wir lie-ben Eis und Schnee! He-jo-ho, wir freun uns so! 1. Jetzt geht es hi-naus! Wir baun vor dem Haus ei-nen gro-ßen Schnee-mann, den ein je-der sehn kann. Der Zy-lin-der-hut steht ihm wirk-lich gut. Sein Ge-sicht soll la-chen, weil wir Spä-ße ma-chen.

Refrain: Wir sind Winterkinder...

2. Setz die Mütze auf! Hol den Schnitten, lauf!
Holdrijoh, wir jodeln, wenn wir tollkühn rodeln.
Ab geht`s wie der Blitz! Flitz, mein Schlitten, flitz!
Alle sind jetzt draußen. He-jo-ho! Wir sausen!

Refrain: Wir sind Winterkinder...

3. Zieh die Schlittschuh an! Achtung! Aus der Bahn!
Auf dem blanken Eise wirbeln wir im Kreise.
Ich hab `ne Idee! Wir spieln Eishockey!
Flinke Beine düsen, wenn wir Tore schießen.

Refrain: Wir sind Winterkinder...

4. Heute fahrn wir Ski! Schnee liegt bis ans Knie.
Stell dich stell schnell am Lift an oder nimm die Bergbahn!
Oben auf der Höh gibt es Früchtetee.
Hüttenlieder klingen, wenn wir talwärts schwingen.

Refrain: Wir sind Winterkinder...

5. Alle Leute schaun, wenn wir Iglus baun.
Winterstürme blasen, hui, um unsre Nasen.
Wir spielen Eskimos, das freut Klein und Groß!
Um die Gartenhütten fährt ein Hundeschlitten.

Refrain: Wir sind Winterkinder...

6. Eine Schneeballschlacht wird jetzt gleich gemacht!
Hinter Dornenhecken müsst ihr euch verstecken.
Rums! Schon geht es los! Wums! Das ist famos!
Schwups, die Bälle fliegen! Hey, ich werd euch kriegen!

Refrain: Wir sind Winterkinder...

7. Schnee liegt weit und breit! Schöne Winterzeit!
Teiche sind gefroren! Wir hab`n rote Ohren.
Bald kommt Nikolaus auch in unser Haus.
Winterkinder träumen unter Weihnachtsbäumen.

Refrain: Wir sind Winterkinder...

Hinweis: Nach Nikolaus die letzte Strophe weglassen
oder singen "Und der Nikolaus war bei uns im Haus..."

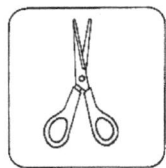

Nikolaus als Tischdekoration

Vielen ist er aus der Kindheit bekannt: der Apfelnikolaus. Genaue Größenangaben gibt es nicht, denn die Äpfel haben unterschiedliche Größen. Es macht auch Spaß, Glanzpapier zuzuschneiden und auszuprobieren, ob der Hut in der Größe passt oder ob er kleiner oder größer geschnitten werden muss.

Material:
- 1 Zahnstocher
- 1 rotbackiger Apfel
- 1 Walnuss
- Glanzpapier in rot
- Schere
- Alleskleber
- Watte
- Filzstift

So geht's:
Den Zahnstocher auseinander brechen. Die Spitze in die Nuss stecken, das abgebrochene Ende dort in den Apfel, wo sich die Blüte befunden hat.
Aus dem Glanzpapier einen Halbkreis zuschneiden, mit Alleskleber zu einem Hütchen zusammen kleben. Auf den Kopf kleben. Ein Stück Watte als Bart ankleben, einen kleinen Watteball formen und auf die Spitze des Hutes kleben.
Auf die Nuss mit Filzstift das Gesicht des Nikolaus malen.

Der Korbwächter

Ein Spiel, bei dem die Kinder wie der Weihnachtsmann rennen und hetzen!

Material:
- großer Korb
- viele schwere Bälle
- Eieruhr

So geht's:
Ein Kind wird ausgesucht. Es ist der Wächter des Korbes und soll dafür sorgen, dass er immer leer ist.
Alle Bälle liegen im Korb. Die Eieruhr wird auf eine Minute gestellt. Auf ein Zeichen beginnt der Wächter, alle Bälle aus dem Korb zu werfen. Die andern Kinder sammeln sie blitzschnell auf und tragen sie zurück in den Korb. Klingelt die Eieruhr, so bleiben alle stehen – kein Ball fliegt mehr oder wird zurück gebracht.
Wer hat gewonnen: der Wächter oder die anderen Kinder?
Zum nächsten Durchgang bestimmt der Wächter seinen Nachfolger.

Nach diesem Spiel können sich die Kinder zum Erfahrungsaustausch treffen.

Das Feld frei halten

Eine Variante des vorherigen Spieles.
Es geht wieder darum, schnell zu laufen, die Bälle blitzschnell aufzuheben und weg zu schaffen.

Material:
- Zauberschnur oder lange Seile
- viele schwere Bälle

So geht's:
Der Raum wird mit Hilfe der Zauberschnur oder der Seile in zwei Hälften geteilt. Die Kinder verteilen sich gleichmäßig. Die Bälle werden ebenso in beiden Hälften verteilt.
Auf ein Zeichen beginnen die Kinder, die Bälle ins andere Feld zu werfen.
Auf ein erneutes Signal bleiben alle Kinder stehen.
Wer hat zu diesem Zeitpunkt die wenigsten Bälle in seinem Raum?
Auch nach diesem Spiel können sich die Kinder zum Erfahrungsaustausch treffen.

Niko-, Niko-, Nikolaus

Text und Musik: Stephen Janetzko; CD "Und wieder brennt die Kerze"
© Edition SEEBÄR-Musik Stephen Janetzko, www.kinderliederhits.de

Tempo: ca. 200

Refrain: Niko-, Niko-, Nikolaus, wann kommst du in unser Haus?
Sag, wann bist du endlich da? Wir wolln mit dir feiern! feiern - ja!

1. Schon so lange wart ich hier, dass du klopfst an meine Tür.
Endlich haben wir Advent, und die erste Kerze brennt.

Ja, ich freu mich schon darauf, stelle meinen Teller auf.
Lustig, lustig, trallala - bald schon ist dein Abend da.

Refrain: Niko-, Niko-, Nikolaus...

2. Auf dem Rücken huckepack trägst du einen dicken Sack.
Du hast - das gefällt mir auch - einen kugelrunden Bauch.
Schöne Sachen bringst du mit, machst uns großen Appetit;
Apfelsine, Haselnuss sind für uns ein Hochgenuss!

Refrain: Niko-, Niko-, Nikolaus...

3. Dann zum Abschied winkst du mir, sagst, bald bist du wieder hier.
Doch das dauert glatt ein Jahr, dann erst bist du wieder da!
Kalt ist dir von Kopf bis Zeh, du ziehst weiter durch den Schnee.
Und wir singen dir ein Lied - alle singen ganz laut mit:

Refrain: Niko-, Niko-, Nikolaus...

Christa Baumann

Christa Baumann ist Erzieherin, verheiratet und hat zwei Söhne.
Sie steht seit vielen Jahren in der Krippen-, Kindergarten- und Sprachheilkindergartenarbeit.
2005 erschien ihr erstes Buch „Kommt mit ins Mittelalter". Dem folgten Bücher zu verschiedenen Themen und unterschiedlichen Schwerpunkten für Erzieherinnen und Eltern.

Stephen Janetzko

Mit einer 20-minütigen MC „Der Seebär" fing alles an, heute sind es weit über 600 Kinderlieder, die der gebürtige Hagener Liedermacher bereits auf über 50 CDs und in zahllosen Liedsammlungen veröffentlicht hat. Viele davon, wie „Hallo und guten Morgen", „Wir wollen uns begrüßen", „Augen Ohren Nase", „Das Lied von der Raupe Nimmersatt", „Hand in Hand" oder „In meiner Bi-Ba-Badewanne", werden heute gesungen in Kindergärten, Schulen und überall, wo Kinder sind.

Bereits erschienen von Christa Baumann:

Und wieder brennt die Kerze - Das große Mitmach-Buch für Advent und Weihnachten: Mit 25 einfachen Liedern, Kreativideen, Rezepten, Geschichten und tollen Winter-Aktionen
Verlag Stephen Janetzko, Erlangen 2014
ISBN 978-3-95722-068-4

Ein bisschen so wie Martin - Das große Kindergarten-Buch für Herbst und Sankt Martin: Mit 25 bekannten und neuen Liedern fürs Laternenfest, vielen Geschichten von Elke Bräunling und tollen Herbst-Aktionen
Verlag Stephen Janetzko, Erlangen 2014
ISBN 978-3-95722-064-6

Indianer - Das große Lieder- Geschichten -Spiele- Bastelbuch.
Singen, reiten, kochen, erzählen, tanzen, feiern, trommeln und kreativ sein mit vielen tollen und einfachen Indianer-Aktionen für Kinder
Mit vielen Liedern von Stephen Janetzko und Geschichten von Rolf Krenzer
Verlag Stephen Janetzko, Erlangen 2014
ISBN 978-3-95722-060-8

Mit Ritualen durch den Tag, Ideen und Spiele für die Praxis mit Kindern von O bis 3 Jahren
Hase und Igel Verlag, Garching 2014
ISBN 978-3-8676-0898-5

Winterzeit im Kindergarten
Mellinger Verlag, Edition Dreieck, Stuttgart 2013
ISBN 978-3-8806-9766-9

Mein Jahr in Gottes schöner Welt: Bastelideen, Lieder, Spiele und Geschichten für jede Jahreszeit
Neukirchener Verlagshaus, Neukirchen-Vluyn 2013
ISBN 978-3-7615-6007-5

Blitzschnelle Ideen für den Stuhlkreis: Über 140 Fingerspiele, Lieder, Bewegungsimpulse, Klanggeschichten, Rätsel und Fantasiereisen als Pausenfüller, Morgenritual und Abschluss Ökotopia Verlag, Münster 2013
ISBN 978-3-86702-209-5
   (zweite Auflage ebenfalls 2013, dritte Auflage 2014)

Engeladvent im Kindergarten - Die schönsten Ideen zum Spielen, Basteln und Musik machen
Don Bosco Medien, München 2010
ISBN 978-3-7698-1841-3
   (erschienen auch in portugiesischer Sprache)

Kommt mit nach draußen! Vielfalt im Außenspiel
Dreieck Verlag, Wiltingen 2010
ISBN 978-3-929394-55-9

Spuren des Glaubens legen: Rituale im Familienalltag
Neukirchener Verlagshaus, Neukirchen-Vluyn 2010
ISBN: 978-3-7615-5757-0

Jesus, Bartimäus, Zachäus & Co: 12 Gestaltungsentwürfe zu biblischen Geschichten
Neukirchener Verlagshaus, Neukirchen-Vluyn 2009
ISBN 978-3-7975-0212-41

DIE CD mit vielen Liedern ZUM BUCH:

Stephen Janetzko:
CD „Und wieder brennt die Kerze" -
Viele schöne Lieder für die ganze Adventszeit

Advent, Winter & Weihnachten in Kindergarten, Schule & Zuhause.
Lieder von & mit Stephen Janetzko.

Über die CD: 25 Lieder für die ganze Adventszeit. Eine kunterbunt-fröhliche Winter-Weihnachtssammlung mit neuen Liedern zum Mitsingen, Spaß haben & Mitmachen zur schönsten Zeit des Jahres: Lieder vom kalten und doch so gemütlichen Winter, von Schnee und Schneemann, vom Nikolaus und der Weihnachtsbäckerei, von Kerzen, Adventskranz und natürlich vom Krippenkind und der Weihnachtsnacht.

Weit über eine Stunde Musik - ideal für Kindergarten, Schule & Zuhause!
Texte von Rolf Krenzer, Werner Schaube & Stephen Janetzko.

Alterszielgruppe ca. ab 2-99 Jahre / Spieldauer ca. 1 ¼ Stunden
Bestellnummer 91033-251 - EAN: 4032289004659
INFO & SHOP: **www.kinderliederhits.de**
© SEEBÄR-Musik (Labelcode LC 05037)

Mehr Lieder im Advent zur Winter- und Weihnachtszeit:

Stephen Janetzko:
CD Das Licht einer Kerze - Die 25 schönsten Weihnachtslieder
Eine festlich bunte Liedersammlung für die ganze Adventszeit.

Über die CD:
Eine festlich bunte Liedersammlung
**von den Engeln in der Weihnachtszeit,
von Nikolaus und Weihnachtsbäckerei,
von Schnee und Heiligabend bis ins neue Jahr.**
Neue und alte Winter- und Weihnachtslieder von und mit Stephen Janetzko,
zauberhaft unterstützt vom Kinderchor Canzonetta Berlin

Alle Liedtitel der CD: 1. Das Licht einer Kerze - 2. Der Kleine-Engel-Tanz - 3. Leise rieselt der Schnee - 4. Endlich ist Winter (Pure Lust am Winter) - 5. Schneeflöckchen, Weißröckchen – 6. Ich habe viele Wünsche (Wunsch fürs Christkind) - 7. Alle wollen backen (Lied von der Weihnachtsbäckerei) - 8. Heute kommt der Nikolaus (Ein Nikolausspiellied) - 9. Ich zünde eine Kerze an - 10. Der Winter kommt - 11. Ein Engel für dich - 12. Die Weihnachtsgans Auguste - 13. Weiße Flocken überall - 14. Vier Engel in der Weihnachtszeit - 15. Seht, wie die Kerzen leuchten - 16. Der Winter ist da - 17. Mein kalter Freund, der Winter - 18. Wenn mit unsern Kerzen gehen (Lied zum Advent) - 19. Alle Jahre wieder - 20. Alle Menschen nah und fern – 21. Stille Nacht - 22. Wenn die Flocken sacht vom Himmel falln - 23. Das kleine Mädchen mit den Schwefelhölzern - 24. Ich schenk dir einen Stern -25. Wir wünschen ein gutes neues Jahr! (Lied zu Neujahr)

Alterszielgruppe ca. 3-99 Jahre/ Spieldauer **ca. 68:39 min.**
Best.-Nr. 91033-287, ISBN 978-3-95722-066-0

INFO & SHOP: **www.kinderliederhits.de**
© SEEBÄR-Musik (Labelcode LC 05037)

Mehr Winter-Lieder von Stephen Janetzko:

CD Es schneit, es schneit, es schneit!

Garantiert kerzen- und weihnachtsfrei! 14 Schnee-Lieder für Winter bis Fasching!

Best.-Nr. 91033-261, ISBN 978-3-95722-054-7

CD Winterzeit im Kindergarten

Wunderschöne neue Winter-, Advents- und Weihnachtslieder

Best.-Nr. 91033-227, ISBN 978-3-932455-90-2

CD Der Winter ist da

20 Winter-, Advents- und Weihnachtslieder,

Best.-Nr. 91033-29, ISBN 978-3-932455-92-6

Raum für eigene Notizen:

www.kinderliederhits.de

Raum für eigene Notizen:

www.kinderliederhits.de

.. mehr Info, mehr CDs, mehr Lieder & Noten:
www.kinderliederhits.de

Alle Rechte vorbehalten.

Dieses Werk ist urheberrechtlich geschützt. Jegliche Vervielfältigung und Verwertung ist nur mit Zustimmung der Autoren bzw. des Verlags zulässig. Das gilt insbesondere für Übersetzungen, die Einspeicherung und Verarbeitung in elektronischen Systemen sowie für das öffentliche Zugänglichmachen wie zum Beispiel über das Internet.
Ein Nachdruck oder eine Weiterverwertung ist nur mit schriftlicher Genehmigung des Verlags möglich.

© Verlag Stephen Janetzko, **www.kinderliederhits.de**